BEI GRIN MACHT SICH IHR WISSEN BEZAHLT

- Wir veröffentlichen Ihre Hausarbeit,
  Bachelor- und Masterarbeit

- Ihr eigenes eBook und Buch -
  weltweit in allen wichtigen Shops

- Verdienen Sie an jedem Verkauf

Jetzt bei www.GRIN.com hochladen und kostenlos publizieren

Bibliografische Information der Deutschen Nationalbibliothek:

Die Deutsche Bibliothek verzeichnet diese Publikation in der Deutschen National-
bibliografie; detaillierte bibliografische Daten sind im Internet über http://dnb.d-
nb.de/ abrufbar.

Impressum:

Copyright © 2016 GRIN Verlag
Druck und Bindung: Books on Demand GmbH, Norderstedt Germany
ISBN: 9783668716506

Dieses Buch bei GRIN:

https://www.grin.com/document/427551

Karel Joice Kalathiparambil Anson

Indische Theologie. Hinduismus, indische christliche Theologie, Dalit-Theologie

GRIN Verlag

GRIN - Your knowledge has value

Der GRIN Verlag publiziert seit 1998 wissenschaftliche Arbeiten von Studenten, Hochschullehrern und anderen Akademikern als eBook und gedrucktes Buch. Die Verlagswebsite www.grin.com ist die ideale Plattform zur Veröffentlichung von Hausarbeiten, Abschlussarbeiten, wissenschaftlichen Aufsätzen, Dissertationen und Fachbüchern.

Besuchen Sie uns im Internet:

http://www.grin.com/

http://www.facebook.com/grincom

http://www.twitter.com/grin_com

Ludwig-Maximilians-Universität München

Katholisch-Theologische Fakultät

Lehrstuhl für Christliche Sozialethik

Hauptseminar (WS 2015/16):

Vor- und Nachbereitung sozialethischer und pastoraler
Praktika

Thema:

Indische Theologie

Vorgelegt von: Kalathiparambil Anson, Karel Joice (1)   vorgelegt am:15.03.2016

Inhaltsverzeichnis

1. Einleitung

Inkulturation bezeichnet das Einbringen von Verhaltensmustern, Gedanken über Dinge oder Ansichten von einer Kultur in eine andere. Vor allem im Bereich der christlichen Mission bzw. Evangelisation wird diese Methode diskutiert und im Bereich der großen christlichen Kirchen teilweise als Grundlage genommen. Dies kann Auswirkungen zum Beispiel im Blick auf die Liturgie haben. Die Methode ist keineswegs neu; schon seit frühester christlicher Zeit wird in der Mission so verfahren.

Die Koexistenz des Christentums mit anderen Kulturen stammt aus der apostolischen Zeit. Vor seiner Himmelfahrt belehrte Jesus seine Jünger, seine Lehren bis zum Ende der Erde zu verbreiten (Mk 16,15), aber er sagte ihnen nicht, wie sie das machen sollten. Paulus Rede an die Griechen in Athen (Apg 17, 22-33) könnte als erster Versuch der Inkulturation betrachtet werden. Um das Jahr 50 beriefen die Apostel die erste Synode der Kirche ein, die Synode von Jerusalem, um zu entscheiden, ob die Kirche Heiden aufnehmen darf. Die Synode bestätigte, dass Heiden als Christen akzeptiert werden können, ohne vorher zum Judentum konvertiert zu haben.

Wie der heilige Paulus von einem unbekannten Gott der Griechen sprechen konnte, kann man auch vom „verborgenen Christus"[1] der anderen Religionen sprechen. Das Christentum ist heute ein ebenso globales wie interkulturelles Phänomen. Christliche Präsenz außerhalb Europas ist durch die kulturell-religiösen, sozialen und politischen Kontexte geprägt. Theologie wird irrelevant und unecht sein, wenn sie von der Lebenssituation der Menschen getrennt ist, für die sie erstellt ist.

Für die katholische Kirche war das Zweite Vatikanische Konzil eine deutliche Markierung. So betont die Pastoralkonstitution: „Denn so wird in jedem Volk die Fähigkeit, die Botschaft Christi auf eigene Weise auszusagen, entwickelt und zugleich der lebhafte Austausch zwischen der Kirche und den verschiedenen nationalen Kulturen gefördert" (GS 44). Diese Aufforderung der Konstitution ist, in einer Weise, ein Aufruf, sich für eine kontextuelle Theologie zu engagieren und für den Glauben in Relevanz oder Kontext.

Robert H. S. Boyd ist der Meinung: „Die theologische Formulierung des christlichen Glaubens neigt in der Regel dazu, sich entweder in positiver oder in negativer Weise auf ein bestimmtes philosophisches System zu beziehen."[2] Indien ist keine Ausnahme davon. Diese

---

[1] PANIKKAR, Raimundo, Der unbekannte Christus im Hinduismus, Mainz ²1990, 162.
[2] BOYD, Robert H. S., Theologie im Kontext indischen Denkens, in: BÜRKLE, Horst (Hg.), Indische Beiträge zur Theologie der Gegenwart, Stuttgart 1966, 77-103, 77.

Arbeit beschäftigt sich zuerst mit dem Hinduismus, sowohl in seinen religiösen als auch in seinen philosophischen Aspekten, dann auch mit der indischen christlichen Theologie. Die Pioniere und einige wichtige Begriffe der indischen Theologie sind hier genannt. Die Dalit-Theologie ist in dieser Arbeit als eine Theologie der der Unberuhbaren bezeichnet.

2. Typen kontextueller Theologie

Kontextuelle Theologien haben das Interesse an den Geschichten, wegen der Tatsache, dass man in Geschichten versteckt ist. So definiert der schweizer katholische Theologe Giancarlo Collet die interkulturelle Theologie: „Unter interkultureller Theologie wird – allgemein gesagt – eine Theologie verstanden, die sich mit Fragen der Beziehung zwischen Christentum und unterschiedlichen Kulturen, von Evangelium und Kultur auseinandersetzt."[3] Deshalb können zwei große Schulen seit Beginn der Entwicklung der kontextuellen Theologien in der Dritten Welt unterschieden werden.

2.1 Befreiungstheologie

Kontextuelle Theologie entsteht vor allem dort und dann, wenn Christen unter Armut, Hunger, Unterdrückung und Diskriminierungen leiden. Die Befreiungstheologen beschäftigen sich mit der sozioökonomischen und politischen Dimension ihrer jeweiligen Kontexte. Sie versuchen, mit dem befreienden Evangelium zu befreien. Am bekanntesten ist die lateinamerikanische Variante mit dem Motto der „vorrangigen Option für die Armen "[4], die gegen die Militärdiktaturen gerichtet war. Befreiungstheologien entstanden zugleich auch in Afrika und Asien. Die indische Dalit-Theologie, die den Protest gegen das Kastensystem des hinduischen Sozialsystems artikuliert, ist ihr Erbe, aber setzt ihre eigenen kontextuellen Akzente.

2.2 Inkulturations- und Dialogtheologie

Viel häufiger in Afrika und Asien sind aber die Inkulturations- und Dialogtheologien. Sie hängen von der kulturellen und religiösen Dimension des Kontextes ab und setzen auf eine Erneuerung bzw. Kontextualisierung der Großkirchen. Volker Küster unterscheidet die beiden Typen in dieser Weise:

> Während die Inkulturationstheologien dem christlichen Glauben im Gefolge der
> kulturellen Renaissancen eine einheimische Gestalt geben und dabei teilweise
> auch Elemente der anderen Religionen integrieren, suchen die Dialogtheologien
> das interreligiöse Gespräch. Zumindest indirekt leisten sie damit aber auch einen

---

[3] COLLET, Giancarlo, Interkulturelle Theologie als Wahrnehmung weltweiten Christentums, in: HÖLSCHER, Andreas / MIDDELBECK-VARWICK, Anja / THURAV, Markus (Hgg.), Kirche in Welt: Christentum im Zeichen kultureller Vielfalt, Frankfurt am Main u. a. 2013, 9-30, 10.
[4] KÜSTER, Volker, Einführung in die Interkulturelle Theologie, Göttingen 2011, 56.

Beitrag zur Inkulturation der christlichen Gemeinschaft in den jeweiligen Kontext.[5]

Während die Befreiungstheologien den Charakter theologischer Bewegungen haben, sind die Inkulturations- und Dialogtheologien Gedankengebäude Einzelner.

3. Kontextualisierung im indischen Kontext

Kontextuelle Theologie ist ein Sammelbegriff für eine Vielfalt von alten und modernen Ansätzen, den politischen, sozialen, kulturellen, religösen und ökologischen Problemen der jeweiligen Gesellschaften zu begegnen und sie im Licht des Glaubens zu betrachten.[6] Die indische Theologie fördert Kontemplation, Mönchtum, Dimensionen der Anwesenheit, Integrität und Tiefe in der Spiritualität und christliche advaitische Erfahrung.

3.1 Der Anfang indischer christlicher Theologie
3.1.1 Robert de Nobili (1577-1656)

Bis vor kurzem hat westlichen Theologie die indischen theologischen Entwürfe dominiert, und das Christentum ist durch die Hindu-Denker dafür sehr stark kritisiert worden. Der erste Versuch, die so genannte indische Theologie zu fördern, wurde vom italienischen Missionar Robert de Nobili S. J. im 17 Jh. eingeleitet.[7] Er folgte eine Methode der sozio-kulturellen Anpassung, weil er sich bewusst war, dass es wertvolle Elemente in den hinduistischen heiligen Schriften gibt. Auch versuchte er, ein brahmanisches Seminar zu eröffnen und bei der Gottesdiensten eine Sanskrit-Liturgie zu feiern.

3.1.2 Raja Ram Mohan Roy (1772-1833) und Keshab Chandra Sen (1838-1884)

Nach de Nobilis Zeit erschienen in Indien für etwa zwei Jahrhunderten fast nur von westlichen Missionaren veröffentlichte theologische Bücher, die die zeitgenössische westliche Theologie reflektierten. Der erste wirkliche Durchbruch zu einer echten indischen Formulierung der Bedeutung von Jesus Christus kam nicht von indischen Christen, sondern von einigen hinduistischen Reformern wie Raja Ram Mohan Roy und Keshab Chandra Sen.[8]

Sie waren stark durch das westliche Denken und Christentum beeinflusst. Diese erleuchteten Nationalisten wollten den Hinduismus und die indische Gesellschaft reformieren, wodurch christliche Missionstätigkeit in Indien ausglichen werden konnte. Deshalb gab es Versuche, das Christentum mit dem Hinduismus zu harmonisieren. Sen war einer der ersten Inder, der eine klar umrissene Christologie formulierte.

---

[5] Ebd., 57.
[6] Vgl. Collet, Interkulturelle Theologie als Wahrnehmung weltweiten Christentums, 15.
[7] Vgl. Boyd, Theologie im Kontext indischen Denkens, 78.
[8] Vgl. Ebd., 79.

Sie interpretierten Jesus in den indischen Traditionen. Jesus wird als Asiat porträtiert. Seine ethischen Vorschriften, unabhängig von seiner Person, bieten die Möglichkeit, Glück und Frieden zu finden. Seine "Göttlichen Menschheit" wird im Rahmen der Traditionen der Hindu-Mystiker erklärt. Jesus Christus und die Tugenden des Christentums sind bequem unter dem weiten Dach des Hinduismus untergebracht. Wegen der Absorptionsfähigkeit des Hinduismus wird keine Spannung in dieser Erklärung erlebt.

3.1.3 Brahmabandhav Upadhyana (1861-1907)

Ein wichtiger Pionier der indischen christlichen Theologie ist Brahmabandhav Upadhyana. Er versuchte, christliche Theologie mit Hilfe von Ramanujas Philosophie und Shankaras Advaita-Philosophie zu interpretieren. Er verstand den Vedanta als eine Vorbereitung für das Evangelium. Er war der Meinung, dass ein Christ in Indien seine sozialen, kulturellen, philosophischen und religiösen Wurzeln im Hinduismus habe.[9] Er versuchte, die Trinitäts- und Schöpfungslehren in indischen und hinduistischen Denkmustern zu erklären.[10]

3.2 Themen der indischen Theologie

Um die indische Theologie genau verstehen zu können, muss man Theologie in Verbindung mit indischer Kultur und Philosophie betrachten. Die christliche Theologie in Indien befindet sich in der Mitte der temperamentvollen und einflussreichen nichtchristlichen religiösen Systeme, vor allem des Hinduismus, der etwa vierundachtzig Prozent der Inder umfasst. Hindu-religiöse Faktoren haben daher eine entscheidende Rolle bei der Entstehung mehrerer wichtiger Themen der indischen Theologie. Das Verständnis der hinduistischen Theologie hilft beim genauen und tiefen Verständnis der indischen Theologie.

Es gab eine Sorge für den Dialog zwischen der Theologie und der Tradition: Hinduistische Ausdrücke treten sehr häufig in der indischen Interpretation der Theologie auf. Ohne sich auf die damalige höhere Sankrit Literatur zu beziehen, war die Entwicklung einer indischen Theologie undenkbar. Hier werden einige wichtige Begriffe genannt.

3.2.1 Brahman

Viele indische Theologen interpretieren die Dreieinigkeit als den Treffpunkt aller spirituallen Dimensionen. Laut indischer Philosophie heißt Gott der „Brahman". Dieser Begriff kann man als „Saccidanta" beschreiben. Das bedeutet, er ist Sat, Cit und Ananda. In

---

[9] Vgl. VALLUVASSERY, Clement, Christus im Kontext und Kontext in Christus: Chalcedon und indische Christologie bei Raimon Panikkar und Samuel Rayan, Münster 2001 (= Ökumenische Studien 19), 89.
[10] Vgl. Ebd., 91-92.

indischer Theologie ist der Vater das Wesen, Sat, der Sohn Logos, Cit, und der Heilige Geist der Tröster, Ananda.[11]

Shankara interpretiert Brahman als das absolute Mysterium. Das Göttliche oder der Brahman ist nicht ein Objekt, sondern ist mit dem Mysterium des Gottsuchers oder mit dem Selbst verbunden.[12]

3.2.2 Bhakti

Manche indischen Denker sehen das christliche Leben als ein Leben in „Bhakti". Zum Beispiel kann man A. J. Appasamy nennen. Bhakti bedeutet Verehrung mit Liebe. Appasamy betont besonders das Einssein der Verehrer mit Gott durch Bhakti. Auch interpretiert er die Einheit der Gott-Sohn Beziehung in dieser Weise.[13] Appasamys Theologie gewinnt eine Bedeutung mit seiner Betonung der personalen Natur Gottes und unseres Verhältnisses zu Gott. In diesem Sinn versteht ein Inder unter der Theologie eine tiefere „Anubhava" oder Erfahrung mit Gott. Ohne die Elemente der Bhakti und Anubhava wird die Theologie nur ein Spiel mit Worten.

3.2.3 Shruti und Shraddha

In der indischen Tradition ist die wichtigste Offenbarung Gottes die Shruti. Sie lässt sich mit dem Wort Gottes der christlichen Tradition vergleichen. Die Offenbarung ist eine innere Wirklichkeit, die durch die Schriften (Shruti) ausgedrückt ist. Der Glaube, den die christliche Theologie als die Antwort auf die Offenbarung Gottes nennt, wird in der indischen Tradition als Shraddha bezeichnet. „Shravana" ist der Gehorsam gegenüber der Offenbarung und „manana" ist die Meditation und Kontemplation des Wortes Gottes.[14]

3.2.4 Advaita und Tattvamasi

Advaita ist ein indisches philosophisches System, das von Shankara eingeführt wurde. Beim Advaita handelt es sich um eine Lehre, die die Welt auf ein einziges Prinzip zurückführt. Advaita heißt „nicht mehr zwei". Das bedeutet, dass es keine mehrere Realitäten gibt, sondern nur eine. Der Begriff „Tattvamasi" besteht etymologisch aus drei Sankrit-Worten, nämlich „tat", „tvam" und „asi". Dieser Begriff bedeutet etymologisch, dass das du bist. Das heißt, der Mensch selbst ist die absolute Realität. Die indischen Theologen benutzen diese beiden Begriffe, um die christliche Lehre, dass Gott im Menschen bleibt, zu erklären.

---

[11] Vgl. Boyd, Theologie im Kontext indischen Denkens, 81.
[12] Vgl. Valluvassery, Christus im Kontext und Kontext in Christus, 92.
[13] Vgl. Boyd, Theologie im Kontext indischen Denkens, 85.
[14] Vgl. Valluvassery, Christus im Kontext und Kontext in Christus, 92.

3.3 Interreligiöser Dialog in Indien

Bis zum II. Vatikanischen Konzil war das Verhältnis der indischen katholischen Kirche zu den nichtchristlichen Religionen zum größten Teil von dem damaligen theologischen Gedanken geprägt, dass diese Religionen in allen wesentlichen Punkten falsch waren; sie wurden als ein Hindernis für die Ausbreitung des einzig wahren christlichen Glaubens dargestellt.[15] Ein neuer Ansatz im Bezug auf das Verhältnis zwischen Christentum und anderen Religionen kam durch das Konzil, das den interreligiösen Dialog förderte:

> Aus Brauchtum und Tradition ihrer Völker, aus Weisheit und Wissen, aus Kunststil und Fertigkeit entlehnen sie alles, was beitragen kann, die Ehre des Schöpfers zu preisen, die Gnade des Erlösers zu verherrlichen, das Christenleben recht zu gestalten. Um dieses Ziel zu verwirklichen, muß in jedem sozio-kulturellen Großraum die theologische Besinnung angespornt werden, die im Licht der Tradition der Gesamtkirche die von Gott geoffenbarten Taten und Worte, die in der Heiligen Schrift aufgezeichnet sind und von Kirchenvätern und Lehramt erläutert werden, aufs neue durchforscht. (AG 22).

In Indien haben sich in den letzten Jahrzehnten eine Reihe von Dialogzentren etabliert, darunter mehrere in der Form der christlichen Ashrams. Die christlichen Ashrams sind durch ihre Arbeit und Existenzform ein Beitrag zu einer Ausweitung des religiösen Lebens der katholischen Weltkirche.

> Die katholische Ashram-Bewegung versteht sich als Beitrag zu einer Indinisierung des katholischen Ordenslebens, die durch ihre Nähe zu indischen und hinduistischen Traditionen des Gemeinschaftslebens, der Meditation und eines ökologischen Lebensstils wichtige Beiträge für die interreligiöse Begegnung und den Dialog geben kann.[16]

Hinduismus und Christentum haben viele analoge Konzepte und Bestrebungen, mit denen man einen Dialog führt. Auch der Buddhismus hat viele Elemente ähnlich dem Christentum. Es gibt sogar buddhistische Mönche und katholische Theologen, die glauben, dass ein Treffpunkt zwischen dem Christentum und dem Buddhismus möglich sei.[17]

4. Raimundo Panikkar (1918-2010)

Ein wichtiger indischer Theologe des 20. Jahrhunderts ist Raimundo Panikkar, der von der Anwesenheit Christi im Hinduismus überzeugt war. In seinem Buch „Der unbekannte Christus im Hinduismus" beschäftigt er sich damit, den gegenwärtigen Jesus im Hinduismus offenbar zu machen. Er glaubt, Christus sei in allen Religionen anwesend. „Mitten unten euch steht der, den ihr nicht kennt" (Joh 1,26).

---

[15] Vgl. GATZ, Erwin (Hg.), Kirche und Katholizismus seit 1945, Paderborn u. a. 2003 (=Die Länder Asiens 5), 368.
[16] Ebd., 370.
[17] Vgl. Fox, Thomas C., Double belonging: Buddhism and Christian faith (Interview mit: Knitter, Paul, F.), New York 23.6.2010, in: http://ncronline.org/news/double-belonging-buddhism-and-christian-faith (zuletzt besucht am 14.03.2016).

Er sprach sich für eine christliche Interpretation der hinduistischen heiligen Texte aus, unterschied zwischen christlichem Glauben und seinen soziologischen Formen und forderte eine gegenseitige Beziehung der Religionen. Er befürwortete, Christus dem Hinduismus reformieren zu lassen und so Christus zu enthüllen, der bereits vorhanden ist, wenn auch versteckt und nicht bestätigt.

4.1 Die pluralistische Theologie

Raimundo Panikkar lässt sich als ein typischer Vertreter der pluralistischen Theologie verstehen. Der Kontext der Theologie Panikkars ist die Erfahrung des Pluralismus der Religionen, Kulturen und Denkweisen. In Indien ist die Religion keine offizielle Bühne eines Menschen, sondern seine Identität, zu der er gehört. Panikkar setzte sich ein, einen Raum für den Dialog zwischen dem Christentum und den religiösen, kulturellen und philosophischen Traditionen Indiens zu schaffen.

Seine pluralistische Theologie propagiert keine Religionsvermischung, aber hält fest, dass jeder Mensch in seiner Religion die Befreiung oder das Heil erlangen kann.[18] Deshalb ist die Bekehrung zu einer anderen Religion für ihn nicht wichtig. Die Christianisierung des Hinduismus und die Hinduisierung des Christentums hält er für unbedeutend. Angesichts des Dialogs zwischen Christentum und Hinduismus versucht Panikkar ein gewisses gemeinsames Verständnis zu erreichen, ohne dabei spezifisch christliche und hinduistische Wahrheiten aufzugeben.[19]

4.2 Die Begegnung zwischen dem Christentum und dem Hinduismus

Panikkar hält Christus für den Ort der Begegnung zwischen dem Christentum und dem Hinduismus, obwohl es unmöglich sei, diese Aussage rational zu beweisen. Aber er meint nicht den Christus der Christen oder den Christus von Nazareth, sondern „die Realität, von der alles kommt, in der alles existiert, zu der all das, was dem Wandel der Zeit unterworfen ist, zurückkehren wird"[20]. Er betrachtet die beiden Religionen als das „theoretische Gewand für verschiedene historische Realitäten"[21]. Eine echte Begegnung von Christen mit anderen Religionen erfordere das Abstreifen aller externen und oberflächlichen Formen und einen unmittelbaren Kontakt mit Christus.

Panikkar findet, die Philosophiesysteme von Shankara und Ramanuja seien ebenso wichtig für die katholische Theologie, wie es die von Plato und Aristoteles für die frühere Kirche gewesen seien.

---

[18] Vgl. Hock, Klaus, Einführung in die interkulturelle Theologie, Darmstadt 2011, 77.
[19] Vgl. Panikkar, Der unbekannte Christus im Hinduismus, 13.
[20] Ebd., 47.
[21] Ebd., 47.

5. Dalit-Theologie

5.1 Der Kontext

Das Wort „Dalit" bedeutet etymologisch „gebrochen" oder „unterdrückt". Die Dalits sind die am stärksten unterdrückte Gruppe des hinduistischen Kastensystems. Sie wurden früher als die Unberührbaren angesehen. Der Kontakt mit den Dalits bedeutete für die höheren Kasten Verunreinigung. Auch heute ist solche Diskriminierung sehr stark in manchen Regionen. Das gilt auch in der Kirche. Der indische Jesuit und Theologe Alangaram Arockiam drückt den Arbeitsbereich der Dalits aus als alles, was mit dem Tod verbunden ist.[22] In dieser Situation musste sich das Christentum in Indien gegen die unterdrückenden Traditionen positionieren.

> Hieraus sind theologische Entwürfe erwachsen, die nicht nur indische Christen in die gesellschaftliche Verantwortung für die Entwicklung der Nation rufen, sondern auch den Aspekt der Befreiung innerhalb der jeweiligen Gesellschaft hervorheben, was insbesondere in gegenwärtigen Formen der Dalit-Theologie prägnanten Ausdruck findet.[23]

Die wichtigste Voraussetzung für eine solche Entwicklung war ein Paradigmenwechsel im christlichen indischen Heilsverständnis gegenüber der westlichen Mission des Christentums.

5.2 Inhalt der Dalit-Theologie

Bei der Dalit-Theologie geht es um eine Theologie über, für und von Dalits.[24] Sie basiert auf den Worten Jesu: „Er hat mich gesandt, damit ich den Armen eine gute Nachricht bringe; damit ich den Gefangenen die Entlassung verkünde und den Blinden das Augenlicht; damit ich die Zerschlagenen in Freiheit setze" (Lk 4,18). Der Wunsch, eine Dalit-Theologie zu formulieren, entstand vor einigen Jahren durch das Christian Dalit Liberation Movement (CDLM).[25] Diese Bewegung versuchte, eine auf dem Humanismus basierende Theologie zu formulieren. Diese Theologie sollte drei Dimensionen widerspiegeln: die Lebensbedingungen der Dalits, die konkrete indische Wirklichkeit und die christliche Sorge um die ganze Menschheit.[26] Das Schicksal der Dalit-Christen bewegt sich zwischen der Kirche und dem großen Teil der hinduistische Gemeinschaft, in der er lebt. Die Kirche in

---

[22] Vgl. Arockiam, Alangaram, Christological Perspectives Emerging from the Dalit Experience and Struggles, in: Jeevadhara 33 (2003) 242-254, 243.

[23] Hock, Einführung in die interkulturelle Theologie, 73.

[24] Vgl. Nirmal, Arvind P., Towards a Christian Dalit Theology, in: Massey, James (Hg.), Indigenous people: Dalits: Dalit issues in today's theological debate, Delhi 1994 (= ISPCK contextual theological education series 5) 215-230, 218-219.

[25] Vgl. Prbhakar, M. E., Die Suche nach einer Dalit-Theologie, in: Weltmission heute 15 (1995) 17-31, 17.

[26] Vgl. Ebd., 23.

Indien hat nicht nur die Aufgabe, die Dalits als Christen anzusehen, sondern auch ihre menschliche Würde und ihre Rechte in der Gemeinschaft zu sichern.[27]

M. E. Prabhakar bezeichnet die Dalit-Theologie als eine politische Theologie:

> Die Dalit-Theologie ist nicht nur eine prophetische Theologie, die sich mit der Unterdrückung der Dalits und ihren Kämpfen für Gleichheit und Gerechtigkeit identifiziert, sondern auch eine politische Theologie sozialen Handelns, die auf Veränderung der ungerechten, undemokratischen und unterdrückerischen Strukturen zielt. Es ist ein Theologie-Treiben in Gemeinschaft, das mitten in den Leiden und Kämpfen der Dalits durch Dialog, kritische Reflexion und engagiertes Handeln eine neue Lebensordung aufbauen will.[28]

Den Vertretern dieser theologischen Richtung wurde immer klarer, dass eine christliche inkultierte indische Theologie für die Dalits nur dann relevant sein kann, wenn sie die Elemente des Leidens und der Abhängigkeit aufnimmt, die im Leben dieser Menschen anwesend sind, und dass die Botschaft der Auferstehung nur durch eine Theologie des Kreuzes glaubhaft vermittelt werden kann.

Die Dalit-Theologie vergleicht den Kampf der Dalits mit der Sklavenarbeit Israels in Ägypten und fördert die Dalits so, dass ihre Exodus-Erfahrung nahe ist. Außerdem stellt sie Jesus als einen Dalit vor.[29]

5.3 Die Rolle der Dalit-Theologie

Erstens kann die Dalit-Theologie bei der Entwicklung des Bewusstseins der Dalits helfen, dass das Prinzip der Gleichheit von Gott etabliert ist, obgleich sie die Reste einer kastenlosen Gemeinschaft sind.[30] Sie hat auch ihr Bewusstsein zu schärfen, dass der ihnen zugewiesene minderwertige Status weder von ihnen selbst noch von Gott gegeben, sondern auf sie durch ein vom Menschen verursachtes System auferlegt ist. In dieser Weise lehnt die Dalit-Theologie die alte auf Kasten basierende Religiösität der Dalits ab.

Zweitens muss die Dalit-Theologie auch an die Nicht-Dalits adressiert sein, damit sie sich des Leiden und des Schmerzes der Dalits bewusst werden. Drittens hat Dalit-Theologie hat auch bei der Schärfung des Bewusstseins der Kirche eine Rolle zu spielen. Es kann sein, dass die Kirche einer Position der wirtschaftlichen, sozialen, religiösen und kulturellen Systeme entspricht, einschließlich der Kastentrennung, nicht nur außerhalb, sondern auch innerhalb der Kirche. Dalit-Theologie kann in dieser Situation die Kirche herausfordern. Viertens empfiehlt Dalit-Theologie den Christen, am Kampf der Dalits teilzunehmen.

---

[27] Vgl. DANAM, B., Die Antwort der indischen Kirche auf die Dalit-Bewegung, in: Weltmission heute 51 (2003) 13-36, 31.

[28] Prbhakar, Die Suche nach einer Dalit-Theologie, 28.

[29] Vgl. Nirmal, Towards a Christian Dalit Theology, 223.

[30] Vgl. MASSEY, James, Dalit theology: History, context, text, and whole salvation, New Delhi 2014, 223.

6. Der Weg zu einer indischen Liturgie

Die Liturgiereform des II. Vatikanischen Konzils wurde in der katholischen Kirche Indiens sehr begrüßt. Nach dem Konzil wurde das National Biblical Catechetical and Liturgical Centre (NBCLC) in Bangalore gegründet. Sein Ziel war, die Impulse des Konzils zu übernehmen und für die indische Kirche fruchtbar zu machen. Es förderte auch die Entwicklung einer indischen Liturgie im Zusammenhang mit dem Dialog zwischen dem Christentum und den anderen Religionen, Kulturen und Traditionen Indiens.[31]

In dieser Zeit bemühte sich die indische Bischofskonferenz sehr darum, eine Ortskirche in Indien zu schaffen. Die Indisierung der Liturgie drückt Erwin Gatz mit dem Slogan aus: „Die indische Kirche zieht den Sari an.“[32] So wurde die Kniebeuge durch die Verneigung mit gefalteten Händen und wurden die Kerzen durch die in Indien üblichen Öllampen ersetzt. Der liturgische Tanz, der auf dem alten indischen Tanzkult basiert, wurde in den katholischen Gottesdienst integriert. Anstelle der traditionellen Altäre, an denen die Priester die Liturgie stehend feierten, wurde die Verwendung von kleinen Tischen erlaubt, damit sowohl der Zelebrant als auch die Gläubigen den Gottesdienst sitzend feiern können. Außerdem darf der Zelebrant einen indischen Schal anziehen anstatt der liturgischen Kleidung.

Aber einige sehr radikale Änderungen wurden von der Bischofskonferenz untersagt. Zum Beispiel kann man hier an nicht-biblische Lesungen von anderen religiösen Büchern und die Entwicklung eines indischen eucharistischen Hochgebets erinnern.[33] Generell wurden diese liturgischen Änderungen in allen Teilen Indien sehr begrüßt, obwohl sie zu Debatten geführt haben, ob die Feier des Gottesdienstes indisiert oder hinduisiert werden kann.

7. Die römische Kritik

Die Versuche, neue Ansätze zu einer Theologie der Religionen zu finden, wurden von der Glaubenskongregation manchmal abgelehnt. Die Streitpunkte betreffen z. B. das Verständnis der Offenbarung.[34] Verbunden mit dieser Frage sind auch Fragen wie die Bedeutung der anderen religiösen Bücher und die Rolle der Hauptpersonen der indischen Traditionen, z. B. Buddha. Die indischen Theologen haben versucht, in der Christologie

---

[31] Vgl. Gatz (Hg.), Kirche und Katholizismus seit 1945, 345.
[32] Ebd., 348.
[33] Vgl. Ebd., 348.
[34] Vgl. Ebd., 364-365

zwischen dem pro-existenten Logos, dem historischen Jesus und dem eschatologischen Christus zu unterscheiden und daraus theologische Konsequenzen zu ziehen.

Eine andere zwischen der indischen Kirche und der römischen Kürie strittige Frage steht im Zusammenhang mit der Übersetzung der liturgischen und biblischen Texte in die indischen Regionalsprachen. Das Beharren von der Kürie, dass alle Übersetzungen vor der Veröffentlichung eine römische Approbation erfordern, trifft bei den indischen Bischöfen und vor allem den betroffenen Fachleuten auf Unverständnis und Frustration, der oft Resignation folgte.[35]

8. Resümee

Die Zielsetzung der vorliegenden Arbeit war, einen kurzen Überblick über die indische Theologie zu geben. Deshalb sind unter der Überschrift „Kontextualisierung im indischen Kontext" die Anfänge einer indischen Theologie und die wichtigsten Begriffen des Hinduismus im Bezug auf das Christentum dargelegt, nachdem die beiden Arten der kontextuellen Theologie erklärt worden sind. Dann beschäftigte sich diese Arbeit mit dem einen wichtigen indischen Theologen Raimundo Panikkar und mit einer Form der indischen Theologie, nämlich der Dalit-Theologie. Am Ende der Arbeit sind auch die Entwicklung einer indischen Liturgie und manche Kritik aus Rom genannt.

Wenn das Christentum in Indien heimisch werden wollte, dann war es notwendig, auf die Vorgaben der philosophischen und theologischen Reflexion im Sanskrit der brahmanischen Zivilisation zu verweisen.[36] Die Worte von Ulrich M. Dehn sind sehr bedeutsam:

> Keine Theologie kann mehr ausschließlich auf dem Hintergrund ihres Ortes in der Theologie- und Kirchengeschichte beurteilt werden, sondern bedarf auch der Einordnung in der Kontext der politischen und Sozialgeschichte, für den die Erhebung der sozialen Position ihrer Autoren und das bewusst oder unbewusst hinter ihr stehende Interesse wichtig sind.[37]

Indischen Theologen waren sich immer bewusst, dass die theologischen Fragen, die aus der Begegnung mit anderen Religionen entstehen, im Prinzip neue Fragen für sie bilden, weil die indischen Theologen eine kleine Minderheit innerhalb der großen asiatischen Religionen repräsentieren. Erwin Gatz ist der Meinung, dass die indischen Theologen einem Problem der „doppelten Zugehörigkeit"[38] begegnen, nämlich der Situation, dass sie sich der

---

[35] Vgl. Ebd., 367.
[36] Vgl. Ebd., 354.
[37] DEHN, Ulrich, Indische Christen in der gesellschaftlichen Verantwortung: Eine theologische und religionssoziologische Untersuchung zu politischer Theologie im gegenwärtigen Indien, Frankfurt am Main - Bern - New York 1985, 5.
[38] Gatz (Hg.), Kirche und Katholizismus seit 1945, 361.

Tradition der Kirche verpflichtet fühlen und gleichzeitig in der indischen Klultur verwurzelt sind.

Für indische christliche Führer ist die indische Theologie ein Versuch, die Kritik zu entkräften, dass das Christentum eine fremde und gefährliche Entnationalisierungskraft erfüllt.[39] Sie stellt eine Suche und einen Ausdruck der eigenen Identität in Indien im Gebiet der christlichen Theologie dar. Sie ist ein Versuch, den Drang zum Christsein und Indersein gleichzeitig zu verwirklichen. Darüber hinaus ist sie für die indischen Theologen ein Medium, das Evangelium in den indischen Denkmustern zu kommunizieren.

Obwohl keine einheitlichen Muster oder gemeinsamen Trends in der indischen Theologie gefunden werden können, gibt es vielfältige theologische Ausdrücke der Reaktionen auf das Evangelium entsprechend dem diversifizierten historischen Kontext und den sozio-religiösen Bedürfnissen. Mit der Inkulturation gab es eine Sorge für die Evangelisation. Jesus Christus ist nicht ein Monopol des Westens. Er ist gleichermaßen für Indien auch. Aber in Indien kann er nicht in der westlichen Bildern vorgestellt werden, sondern mit indischem Bezug und indischen Gedanken, also in für die Inder verständlichen Formen. Deswegen spricht Klaus Hock von einem kosmischen Christus und der Kulturgeschichte anstatt der Heilsgeschichte.[40]

Der Schwerpunkt liegt auf Relevanz. Indische Theologen wollen die Ghettomentalität der Minderheit der Christen lösen. Ihre Aufgabe ist es, dass die Christen sich selbst als einen integralen Teil der größeren Gemeinschaft in Indien sehen, und dass sie helfen, am gemeinsamen Leben und an gemeinsamer Erfahrung teilzunehmen. Die Kämpfe, um die sozio-ökonomische Entwicklung und Humanisierung in der indischen Situation werden als "Christus am Werk in der Geschichte"[41] interpretiert. Wie die indischen Theologen behaupten, ist die christliche Theologie in diesem Kontext relevant und sind damit der Kontext und die soziale Dimension des Evangeliums primär.

Die Versuche, die Grundlagen des Christentums im indischen Gedankenmuster zu erklären, zu interpretieren und zu formulieren, haben indischen Denkern geholfen, etwas zu christlichen Theologie beizutragen. Während sie versuchten, den Glauben in Indien zu verkünden, vermischten sie den Glaube mit der Vernunft und die Offenbarungstheologie mit

---

[39] Vgl. MATHEW, C. V., Indian Theology: Advanced information, in: http://mb-soft.com/believe/txo/indian.htm (zuletzt besucht am: 11.03.2016).
[40] Vgl. Hock, Einführung in die interkulturelle Theologie, 74.
[41] Dehn, Indische Christen in der gesellschaftlichen Verantwortung, 124.

der natürlichen Theologie. Aber sehr häufig ist der "Kontext" entscheidender geworden als der "Text", und das ist eine Kritik.[42]

Literaturverzeichnis

AROCKIAM, Alangaram, Christological Perspectives Emerging from the Dalit Experience and Struggles, in: Jeevadhara 33 (2003) 242–254.

BOYD, Robert H. S., Theologie im Kontext indischen Denkens, in: BÜRKLE, Horst (Hg.), Indische Beiträge zur Theologie der Gegenwart, Stuttgart 1966, 77–103.

COLLET, Giancarlo, Interkulturelle Theologie als Wahrnehmung weltweiten Christentums, in: HÖLSCHER, Andreas / MIDDELBECK-VARWICK, Anja / THURAV, Markus (Hgg.), Kirche in Welt: Christentum im Zeichen kultureller Vielfalt, Frankfurt am Main u. a. 2013, 9–30.

DANAM, B., Die Antwort der indischen Kirche auf die Dalit-Bewegung, in: Weltmission heute 51 (2003) 13–36.

DEHN, Ulrich, Indische Christen in der gesellschaftlichen Verantwortung: Eine theologische und religionssoziologische Untersuchung zu politischer Theologie im gegenwärtigen Indien, Frankfurt am Main - Bern - New York 1985.

FOX, Thomas C., Double belonging: Buddhism and Christian faith (Interview mit: Knitter, Paul, F.), New York 23.6.2010, in: http://ncronline.org/news/double-belonging-buddhism-and-christian-faith (zuletzt besucht am 14.03.2016).

GATZ, Erwin (Hg.), Kirche und Katholizismus seit 1945, Paderborn u. a. 2003.

HOCK, Klaus, Einführung in die interkulturelle Theologie, Darmstadt 2011.

NIRMAL, Arvind P., Towards a Christian Dalit Theology, in: MASSEY, James (Hg.), Indigenous people: Dalits: Dalit issues in today's theological debate, Delhi 1994 (= ISPCK contextual theological education series 5) 215–230.

KÜSTER, Volker, Einführung in die Interkulturelle Theologie, Göttingen 2011.

MASSEY, James, Dalit theology: History, context, text, and whole salvation, New Delhi 2014.

MATHEW, C. V., Indian Theology: Advanced information, in: http://mb-soft.com/believe/txo/indian.htm (zuletzt besucht am: 11.03.2016).

PANIKKAR, Raimundo, Der unbekannte Christus im Hinduismus, Mainz [2]1990.

PRBHAKAR, M. E., Die Suche nach einer Dalit-Theologie, in: Weltmission heute 15 (1995) 17–31.

VALLUVASSERY, Clement, Christus im Kontext und Kontext in Christus: Chalcedon und
indische Christologie bei Raimon Panikkar und Samuel Rayan, Münster 2001 (=
Ökumenische Studien 19).